RÉVISION IMMÉDIATE

DE LA

CONSTITUTION,

AVEC

LA SANCTION DU PEUPLE,

PAR

M. BOYARD,

ANCIEN DÉPUTÉ.

PARIS,

RORET, LIBRAIRE-ÉDITEUR, RUE HAUTEFEUILLE, 12,

Et tous les libraires des départements.

Avril 1850.

UN MOT AU LECTEUR.

Celui qui publie ces observations sur la situation actuelle de la France, s'étant depuis dix ans condamné à la retraite, et n'ambitionnant nullement d'en sortir, a longtemps hésité sur le parti à prendre; devait-il, simple citoyen, rédacteur de la pétition qu'on va lire, se borner à l'envoyer à l'Assemblée nationale, au risque de la voir rejeter, sans examen, par l'ordre du jour? Devait-il ajouter quelques développements et l'envoyer comme publiciste soulevant une immense question de droit constitutionnel? ou bien devait-il s'adresser à l'opinion publique, par la voie de la presse?....

Le choix du meilleur procédé était difficile à faire. Fort de l'assentiment des hommes les plus honorables et les plus dévoués au pays, il prend la résolution de soumettre la question à tout le monde.

A l'Assemblée nationale d'abord, dont elle fixera certainement l'attention; aux électeurs ensuite, qui ne manqueront pas, s'il a vu juste, de partager et de faire prévaloir son opinion.

Peut-être eût-il aussi bien fait de se taire; mais c'eût été se rendre complice d'une inertie qu'il blâme, qu'il trouve désastreuse, et que son devoir de citoyen l'oblige à combattre avec l'énergie dont il est capable.

La pensée de toute sa vie politique se lie intimement au gouvernement constitutionnel, non pas tel que nous l'avons eu, mais tel que nous devions l'avoir, sans les arrière-pensées du pouvoir absolu.

Ce pouvoir tombé, il dépend de nous de constituer le règne de la loi; et le premier pas dans cette voie de salut, est d'arrêter définitivement les bases d'un gouvernement qui ne peut se soutenir sur celles improvisées en 1848.

Améliorons, consolidons, c'est à ce prix qu'est le retour de notre prospérité, *le maintien de notre liberté.*

A L'ASSEMBLÉE NATIONALE.

Messieurs les Représentants,

Au moment où vous fûtes surpris par une proposition que je ne dirai pas irréfléchie, car elle est née d'idées qui fermentent depuis soixante ans dans les têtes chevaleresques de Coblentz, de la Vendée et de la Restauration, mais je puis dire par une proposition imprudente, beaucoup de pensées d'une autre portée se manisfestaient sur divers points de la France.

On conspirait en faveur de la République.

La question préalable a sans doute effrayé les plus braves conspirateurs, car de tant de pétitions élaborées, il n'en paraît aucune. L'échec légitimiste a glacé les vrais amis de la Constitution, qui, de disposés qu'ils étaient à provoquer votre initiative sur la grande question de révision immédiate de la Constitution, semblent aujourd'hui se faire une loi du silence.

Cet exemple est-il bon à suivre?

Faut-il, parce qu'il y a des esprits affaissés, anéantis, que tout le monde reste dans un état de prostration qui ruine et déshonore le pays?

N'est-il pas convenable au contraire que les simples citoyens qui n'ont à compromettre ni leur passé ni leur avenir d'homme d'État, élèvent jusque vers vous leurs vœux pour le bien public? — N'est-ce pas un devoir pour chacun, dans les circonstances critiques où se trouve le pays, de soumettre à votre appréciation ce qu'on regarde comme un moyen de salut?

De sonder au moins l'opinion publique?

D'en divulguer le sentiment intime?

D'en propager les alarmes?

D'en ranimer les espérances?

Telle est la tâche que nous entreprenons aujourd'hui; non pas que nous croyions voir mieux que d'autres la situation du pays; non pas que nous croyions avoir le remède le plus efficace aux maux qui nous dévorent; mais tout simplement parce qu'il est urgent de préparer une solution quelconque.

Or, quand il s'agit d'une question qui touche tout le monde, que tout le monde envisage, que chacun dans sa sphère croit comprendre; quand, de toutes parts, on s'étonne de l'inaction des pouvoirs publics, il doit être permis à ceux qui écoutent, qui considèrent attentivement la physionomie du peuple inquiet du présent autant que de l'avenir, de donner nettement leur avis, ne fût-ce que pour provoquer l'examen de cette question, aux risques d'un peu d'agitation.

Le *statu quo* est la loi des ennemis de la lumière. Plus ils craignent, plus ils s'efforcent de rester immobiles. Le mouvement est le devoir impérieux de tout partisan du progrès, non pas de ce progrès justement flétri du nom de bouleversement, mais de ce progrès, qui améliore, qui consolide, qui calme, ou qui console.

Beaucoup d'hommes en France ont le sentiment de ce qui devrait être fait; peu d'hommes ont assez de résolution pour le tenter ou assez de bonheur pour le faire.

Mais quelle diversité dans les opinions!

Que de confusion dans les moyens!

Que d'incertitudes dans les résultats!.....

Au milieu de tant de perplexités, il est cependant possible d'arriver au but. Il ne faut que vouloir sincèrement ce qui est, et renoncer sincèrement à rétablir ce qui fut.

Renoncer au jeu terrible des révolutions; améliorer les institutions; constituer un pouvoir assez fort pour dominer les partis ou constituer un parti assez puissant pour enchaîner les autres partis. — Telle est le problème.

La France est, sous ce rapport, dans une situation admirablement favorable à l'établissement d'une bonne Constitution. Un an, six mois, trois mois, peuvent changer cette situation; il faut donc profiter de l'occasion de faire le bien du peuple, sous peine de voir cette occasion passer aux mains de ceux qui lui ont fait tant de mal.

Voyons quelles améliorations sont possibles.

Il en est de deux sortes :

Celles relatives à la modification immédiate de la Constitution, et celles relatives à la loi des élections.

Elles se lient avec une telle intimité, qu'on ne peut les toucher séparément et sans s'exposer à l'accusation, fort à la mode, de violer la Constitution. Il n'en coûte pas plus d'en traiter deux qu'une seule.

Les violateurs de la Constitution sont ceux qui l'attaquent, qui l'amoindrissent, qui s'efforcent de la rendre inapplicable, et non ceux qui la respectent, qui lui obéissent quelques torts qu'elle leur ait causés, et qui demandent qu'on lui enlève les entraves qu'elle a reçues à sa naissance, comme si ses parrains s'étaient fait un jeu de leur propre ouvrage et l'avaient condamné à la stérilité.

Les amis de l'ordre qui demandent pour elle un peu d'élasticité, un peu de liberté dans ses mouvements, ne sont donc pas des violateurs, mais des défenseurs; et la preuve, c'est qu'ils s'adressent aux pouvoirs constitués et qu'ils remontent, la supplique à la main, jusqu'à la souveraineté du peuple, qu'ils reconnaissent, qu'ils adoptent, qu'ils invoquent au nom de cet adage de toutes les nations : SALUS POPULI SUPREMA LEX.

La Constitution de 1848, on peut le dire, ne se compose que de deux mots : RÉPUBLIQUE DÉMOCRATIQUE. Elle n'a pour base aussi que deux mots : SUFFRAGE UNIVERSEL. Otez-en ces quatre mots, ce n'est plus que la Charte de 1830. Aussi toutes les fureurs de l'esprit de parti se liguent-elles contre ces mots, sublimes selon les uns, infâmes selon les autres.

Nous, au contraire, nous disons : RESPECT A LA RÉPUBLIQUE DÉMOCRATIQUE, mais empêchons qu'elle ne devienne anarchique; c'est l'intérêt de tout le monde, même des anarchistes, qu'il faut sauver malgré eux.

Nous disons aussi : RESPECT AU SUFFRAGE UNIVERSEL, mais faisons qu'il soit sincère, faisons qu'il exprime la volonté nationale, et non celles de coteries qui, comme autrefois, qui, plus qu'autrefois, se disputent le pouvoir, pour se partager le budget.

Ainsi, nous repoussons énergiquement tout appel au peuple sur la question monarchique ou républicaine.

Le sort de la France est fixé.

Elle est, elle restera républicaine, et ce ne sont ni les légitimistes, ni les orléanistes, ni les bonapartistes qui lui enlèveront ce titre qui renaît des débris d'un empire et de deux monarchies.

Le danger n'est pas là.

Le danger est dans le malheur du peuple.

Dans le suffrage universel tel qu'il est.

Dans le parti que les factions peuvent tirer de cette vicieuse organisation ou plutôt du défaut d'organisation. — Il est grandement temps d'y pourvoir.

La première question à examiner est donc celle de savoir s'il est opportun de réviser la Constitution avant l'époque fixée par elle-même. Voici à cet égard les termes d'une pétition qui fut arrêtée dans un comité de département et qui eut une singulière destinée : celle d'être approuvée par tous les représentants auxquels elle fut soumise, sans qu'aucun d'eux ait voulu prendre l'engagement de la soutenir après l'échec éprouvé par la proposition d'un de leurs collègues.

On va voir cependant qu'il n'y a aucune analogie entre cette pétition conservatrice de ce qui est, et la proposition provoquant un bouleversement nouveau, sans indiquer même au profit de qui il se pourrait faire.

Une seule chose a paru certaine à tout le monde, c'est que la révolution qu'on sollicitait se serait faite au préjudice de la nation, et surtout au détriment de ceux qui la souhaitent avec tant d'ardeur.

PÉTITION.

« Lorsque, pour assurer le calme et la prospérité de la France, nous avons loyalement adopté le gouvernement républicain et la Constitution qu'il nous a donnée, c'était dans l'espérance qu'ils seraient soutenus par l'universalité des Français, et surtout par ceux qui ont fondé ce gouvernement.

« Les attaques à main armée qui lui ont été livrées, les manœuvres électorales qui en ont altéré l'esprit, autorisent sans doute le peuple souverain à examiner s'il peut vivre dans la situation qu'on lui a faite, jusqu'au moment où la Constitution pourra être révisée. — Nous pensons qu'il ne le peut pas; qu'il est nécessaire de changer des dispositions qui semblent avoir été conçues dans le but de tenir les populations dans une agitation, dans une perplexité perpétuelles, incompatibles avec la grandeur et la prospérité du pays. Il nous paraît même urgent de parer aux désastres qui peuvent résulter de cette déplorable situation.

« En conséquence, nous vous supplions d'examiner s'il ne serait pas opportun soit de proposer au peuple, consulté en comices électoraux, cette question : Y a-t-il lieu de réviser la Constitution avant le terme fixé par son article 111 ?

« Soit de procéder vous-mêmes à cette révision, et de soumettre la Constitution révisée à l'acceptation du peuple ?

« Ce serait, à la vérité, s'écarter du mode déterminé par l'article 111, mais ce serait aussi se conformer à l'esprit de la Constitution, et lui donner une sanction plus solennelle encore que celle prévue par cet article.

« Cette proposition, Messieurs, pourra soulever de vives réclamations, soit de la part de ceux qui ne veulent pas de Constitution républicaine, soit de la part de ceux qui veulent profiter de certaines dispositions pour la rendre inapplicable et nous conduire ainsi à de nouvelles expériences non moins périlleuses que celles que nous avons faites.

« Dira-t-on que cette proposition est inconstitutionnelle, en ce qu'elle viole l'art. 111? Nous répondons que cet article n'est qu'une disposition réglementaire qui ne peut entraver la volonté du peuple; que toute Constitution, basée sur la souveraineté nationale, ne saurait être violée par un acte des pouvoirs constitués, ayant pour but d'appeler le peuple à l'exercice direct de sa plus haute attribution souveraine.

« Que d'ailleurs l'art. 3 de la Constitution, en déclarant que la République reconnaît des droits et des devoirs antérieurs aux lois positives, indique évidemment que la volonté, que le salut du peuple sont au-dessus de cet article, fait pour les temps ordinaires, et non pour le temps de crise, comme celui dans lequel se trouve la France depuis plus de deux années.

« Nous répondons enfin que les art. 4, 6, 7, qui donnent à la Constitution, pour base, la famille, le travail, la propriété, l'*ordre public*, les lois morales et les lois écrites qui régissent la société, étant attaqués tous les jours par ceux qui prétendent au monopole de la foi républicaine, il est incontestable que la Constitution est ainsi incessamment sapée par sa base, et que cette situation impose aux pouvoirs constitués, le droit, l'impérieux devoir de rassurer, par des modifications législatives, soumises à la sanction nationale, les fondements d'une République sage, honorée, puissante et digne, en un mot, des hautes destinées de notre patrie. »

On ne peut plus se faire d'illusion : le grand parti que nous appellerons *socialiste gouvernementale*, pour le distinguer du socialisme anarchique; celui qui se flatte d'arrêter le torrent ou de le diriger à son profit, *ne veut pas, n'a jamais voulu de la Constitution*. Elle n'existe aujourd'hui, il faut le dire haut, très-haut, elle n'existe *que par le parti modéré*, qualifié de royaliste par ceux qui se disent républicains; et pourquoi royaliste? parce que ce parti compte dans son sein des partisans des dynasties déchues.

Mais qu'est-ce donc que de telles fractions en comparaison du grand tout national où s'agitent, où se consument les bourgeois, les cultivateurs, les industriels, les ouvriers, les prolétaires, qui ne sont ni légitimistes, ni orléanistes, ni bonapartistes, ni socialistes?

Ce n'est pas un sur dix mille.

Nous disons que la Constitution n'existe que par le parti modéré, et l'on voudrait cependant persuader à la France que cette portion d'elle-même rêve le renversement de la Constitution! — Et quand elle veut évidemment consolider les grands principes de 89 et de 1830, ébranlés par les désastres

de 1848, on ose hypocritement soutenir que **nous travaillons pour une mo-
narchie quelconque!.....** C'est un véritable délire.

Qu'importe, en effet, à la France ces royautés auxquelles elle doit bien
plus de misères que de grandeurs? qu'importe à la France d'aujourd'hui,
vieillie d'un siècle depuis hier, ces illustres hommes d'État qui, par l'é-
migration, tuèrent la branche aînée des Bourbons, qui, par la corruption
et par les coalitions, tuèrent la branche cadette?

Qu'importe l'Empire, qui étouffa la liberté, l'égalité sous les verroux de
vingt prisons d'État et sous les fiefs impériaux! qu'importe l'Empire, qui
livra nos frontières, notre honneur aux ennemis que nous avions avant lui
et mieux que lui renversés; disons plus, que nous avions conquis par la
seule force des idées!... — Il ne vivrait pas un mois.

Ne voit-on pas que cette conquête par les idées a repris le dessus?

Qu'elle se développe, quoi qu'on fasse, et que les rois le savent assez pour
n'oser rentrer dans la carrière qui, jadis et tout récemment encore, fut si
fatale à leur autorité?

Est-ce en présence d'un tel spectacle qu'on peut supposer à des hommes
doués de quelque raison, la pensée d'agir dans un intérêt dynastique? —
Non, ce n'est point un pouvoir dynastique qu'il nous faut. C'est un pouvoir
populaire; assez républicain pour dissiper les illusions monarchiques, assez
fort pour déjouer, pour punir les complots anarchiques.

Que les soutiens de la légitimité se prélassent dans leurs principes chevaleresques, et qu'ils restent convaincus que la France devait se qu'elle
était en 1789 à leurs princes grands et petits de toutes les époques; c'est
un plaisir innocent dont il serait inhumain de les priver; c'est leur vie;
ils y sont nés; laissons-les y mourir (1).

Que les impérialistes secouent la poussière de leurs lauriers d'autrefois,
elle n'aveuglera personne, tant qu'ils n'auront effacé ni les avanies d'Espa-
gne, ni les désastres de Moscou, ni l'invasion étrangère, ni la perte de nos
conquêtes républicaines, ni le sang de Waterloo.

Que les orléanistes vantent à tue-tête les prospérités matérielles de 18 ans

---

(1) Nous serions bien reconnaissants envers M. de la Rochejaquelein, qui se donne la
satisfaction de prouver à sa manière que la France doit sa formation comme État aux
principes légitimistes, et qui publie la longue liste des conquérants de nos provinces,
s'il voulait bien faire le parallèle de la France absolutiste et de l'Amérique libre. La liste
des princes, des ducs, etc., etc., qui ont opéré les prodiges des États-Unis en quelques
années, ne serait assurément pas longue.

d'un règne qui pouvait l'emporter sur tous les règnes du monde, s'il eût été sincèrement constitutionnel; ils n'effaceront pas les stygmates de la corruption et la chute d'une dynastie qui périt précisément par l'abus des ressources dynastiques.

Que les socialistes, enfin, emmiellent avec soin les bords du calice d'amertume qu'ils font avaler au peuple français, ils ne le détermineront pas à boire jusqu'à la lie.

L'intérêt de la France n'est qu'en elle.

Il ne dépend d'aucun parti.

Elle repousse du pied ces monceaux d'oripeaux qu'on lui présente comme vêtement de fête ou de grands jours.

Elle se tient enveloppée dans un long manteau de deuil, et c'est à nous, à nous seuls amis du pays, amis d'une grande et noble République, qu'il appartient de l'en dépouiller, en raffermissant le sol constitutionnel, en relevant d'une main vigoureuse l'étendard sacré de la vraie liberté.

De ceux qui ont lu la pétition que nous venons de rapporter, il en est qui l'ont trouvée trop explicite; d'autre trop vague.

Aux premiers, nous répondîmes que les pétitionnaires n'étant pas tenus à la même circonspection que les législateurs, ils ne pouvaient, sans en quelque sorte proposer une énigme, demander moins que l'examen d'une grave question.

Aux seconds, nous répondîmes que presque toujours les simples citoyens sont mal venus quand ils s'érigent en législateurs; mais, que du reste, les pétitionnaires étaient prêts à fournir leurs idées, si cela paraissait nécessaire.

Et ces idées les voici :

En ce qui touche la modification de la Constitution :

Deux assemblées, l'une de six ans, l'autre de trois.

Un président de cinq ans, rééligible, avec un pouvoir mieux défini.

L'âge de l'électorat porté à vingt-cinq ans.

L'âge de l'éligibilité porté à trente ans.

En ce qui touche la loi électorale :

Suffrage univerel, réglementé de manière à en assurer l'indépendance et la sincérité.

Division du territoire en cinq cents districts électoraux de 60 à 80,000 âmes.

Liste nationale perpétuelle contenant tous les électeurs des districts, au nombre de 18 à 20,000 par district.

Liste électorale décennale contenant tous les citoyens élus par les districts votant à la commune.

Incapacité électorale au deuxième degré, résultant de l'ignorance de l'écriture.

Obligation, sauf le cas de maladie ou d'impossibité physique, d'écrire le bulletin, séance tenante, ou de le faire écrire par un membre du bureau.

Nomination, par les électeurs du deuxième degré, d'un représentant par district, à la majorité absolue.

Faut-il maintenant donner quelques développements sur ces dispositions qui nous paraissent répondre suffisamment aux besoins de notre époque?

La chose est facile.

L'expérience a promptement démontré combien il est dangereux de remettre le destin de l'État dans les mains d'une assemblée unique.

Les derniers votes de l'Assemblée constituante ont occasioné dans toute la France un tel mécontentement, qu'elle fut obligée de prononcer elle-même sa dissolution. S'il y eût eu une deuxième assemblée, celle qui fit tant de fautes ne serait pas tombée si bas.

Le mode de délibérer, tracé par la Constitution, ne donne pas non plus de garanties suffisantes contre l'effervescence des passions politiques, et la faible majorité, qui vota pour la chambre unique, est un indice certain de la facilité avec laquelle on obtiendrait cette modification.

Le principe des deux assemblées une fois établi, il semblerait nécessaire, tout en conservant la même origine à chacune d'elles, que celle qu'on pourrait appeler sénat, quoique ce mot sonne assez mal à nos oreilles, fût composée d'hommes plus âgés que les représentants, comme l'avait prescrit la Constitution républicaine de l'an III. Elle portait, art. 74 : « Pour être élu « membre du Conseil des Cinq-Cents, il faut être âgé de trente ans accom- « pli et avoir été domicilié sur le territoire de la République pendant les dix « années qui auront immédiatement précédé l'élection; et, art. 83 : Nul ne « peut être élu membre du Conseil des Anciens s'il n'est âgé de quarante ans « accomplis. »

Le sénat, élu pour six ans, se renouvellerait par moitié tous les trois ans ; l'Assemblée nationale se renouvellerait intégralement à la même époque.

Le collége électoral, élu par les assemblées primaires, procéderait directement à la nomination des uns et des autres, sans qu'il fût besoin de convoquer les assemblées primaires.

Pour ajouter à ces garanties de fixité dans les mesures gouvernementales, il faudrait que le président, soit qu'il dût être élu, soit qu'il dût être nommé par les deux assemblées réunies à cet effet en une seule, le fût pour au moins cinq ans, et de plus qu'il fût rééligible.

Dans notre système, nul ne serait électeur avant l'âge de vingt-cinq ans, ce qui serait conforme à l'ensemble de nos lois civiles ou politiques, dont aucune n'a descendu l'âge de plein exercice des droits de citoyen ou d'électorat au-dessous de vingt-cinq ans.

Quant à l'âge d'éligibilité, 30 et 35 ans seraient un terme moyen entre ce qui est, en ce moment, et ce qui fut dans le cours de notre existence politique depuis 1789.

Le suffrage universel tel qu'il s'exerce depuis 1848 est une illusion trompeuse contre laquelle tous les hommes de bonne foi s'élèvent avec énergie. Les fraudes y sont faciles et portent partout le dégoût d'une fonction sans dignité, sans sincérité, mettant le pouvoir aux mains des plus intrigants dans un bon nombre de départements. — Pour que les deux assemblées qu'a fournies ce système aient montré autant de réserve et de prudence, il a réellement fallu que la France fût, au moment des élections, sous l'influence d'un sentiment énergique des dangers qui la menaçaient; sans cela, c'en était fait de la liberté; la démagogie prenait le dessus et nous retombions dans un véritable chaos.

Non seulement le prétendu suffrage universel n'est que le suffrage de quelques-uns imposé au plus grand nombre, ce qui est contraire à la Constitution; mais encore, au lieu d'être direct, ainsi que le veut la Constitution, il est *manifestement, ouvertement à plusieurs degrés*, par suite d'une organisation fort suspecte de comités, de conclaves, qui préparent partout la déception et tiennent les dés qui font les représentants bien plus que la volonté des électeurs. — Ne semblerait-il pas raisonnable de décider que puisque le suffrage direct est reconnu impossible; puisque l'usage l'a déjà abrogé; puisque des manœuvres odieuses violent ainsi au grand jour le principe fondamental de la révolution de 1848, il est du plus haut intérêt de faire entrer dans la loi ce qu'on a fait entrer dans les intrigues électorales.

La liste nationale que nous proposons constituerait un corps électoral puissant par le nombre, puissant par l'indépendance et à l'abri de toute corruption. Elle aurait l'immense avantage d'admettre sans condition de cens, tous les citoyens capables d'exercer leur droit et de les admettre en proportion de l'intérêt qu'ils ont dans l'exercice de ce droit.

Peu de dérangement dans les temps ordinaires.

Connaissance parfaite des hommes à nommer.

Affranchissement d'obligations et de charges pour le plus grand nombre ; devoir rigoureux pour ceux qui peuvent le remplir.

On sait avec quelle audace certains candidats exploitent aujourd'hui l'inexpérience et la crédulité des électeurs ; ils n'oseraient plus se livrer à tant d'écarts, s'ils avaient à s'expliquer devant des électeurs de second degré, qui joueraient avec eux le rôle qu'on a bénévolement départi aux comités et aux conclaves. — Il n'y aurait qu'une différence, c'est que les choses se passeraient alors légalement et sous la garantie des dispositions législatives qui punissent les fraudes électorales.

Nous proposons que la liste nationale, contenant les noms de tous les électeurs, soit perpétuelle, c'est-à-dire que les noms n'en seraient retranchés qu'autant que ceux qui les porteraient seraient atteints d'incapacité légale, et que tout citoyen, arrivant à l'âge fixé, y entrerait de droit aussitôt qu'il remplirait les conditions déterminées par la loi. — Rien assurément n'est plus simple qu'une telle combinaison.

Quant à la seconde liste que nous proposons de reconstituer par l'élection tous les dix ans, nous pensons qu'elle offrirait les avantages désirables. — Des hommes ainsi choisis par tous leurs concitoyens, formeraient un corps d'élite, ouvert à tout le monde, doué d'aptitude pour faire de bons choix ; portés à l'indépendance, et toujours prêts à supporter des sacrifices de temps et d'argent qui sont souvent au-dessus des facultés des électeurs de premier degré, pris dans les positions diverses de la société.

Peut-être trouvera-t-on le terme un peu long ; peut-être même dira-t-on que ce serait créer une sorte d'aristocratie ; qu'il y aurait un trop long abandon d'un droit précieux. Toutes ces objections seraient fondées s'il s'agissait d'un petit nombre d'élus, mais il s'agit d'une liste de 2,000 électeurs par district, d'environ 10,000 par département ; où serait donc le danger ? et d'ailleurs, s'il y en a, rien de plus facile que de réduire la durée de cette liste ; le chiffre peut, sans inconvénient, être changé.

Nous voudrions aussi, dans l'intérêt de la vérité, que nul électeur du deuxième degré ne pût être nommé, s'il était dans l'impossibilité d'écrire son vote, faute de savoir écrire. Cette disposition, qui empêcherait bien des fraudes, aurait aussi l'avantage de faire comprendre à tout le monde combien il est intéressant de répandre l'instruction.

Nous demandons enfin que l'élection par district soit faite *à la majorité absolue*, parce qu'elle seule est le signe d'une volonté manifeste. — La majorité relative, on le sait trop, est souvent le triomphe des minorités sur la majorité ; ce qui est le plus grand des vices en matière électorale.

En résumé, les modifications que nous demandons auraient pour effet certain de consolider la République honnête et grande; de concilier des partis puissants qui se combattent avec des arrière-pensées plus ou moins fâcheuses, et qui, se voyant contraints de renoncer à leurs projets, se rallieraient nécessairement à l'opinion républicaine, sinon par goût, au moins par prudence et par nécessité.

Protestons, en arrivant au terme de notre tâche, contre toute idée de modification violente. Protestons contre les idées de coups d'État, souvent imaginés par ceux qui cherchent des moyens d'agiter les esprits. — Ils crient d'autant plus haut qu'ils croient moins au danger qu'ils signalent. Quel homme, en effet, serait assez aveugle pour croire à la possibilité du succès? — Quel ministère serait assez fou pour s'engager dans cette voie funeste? Les seuls coups d'État possibles aujourd'hui sont ceux qu'on tenterait pour le peuple et par le peuple, mais alors ils perdraient ce nom odieux de coups d'État, pour s'élever au rang d'acte de souveraineté nationale. — C'est un acte de cette nature que nous proposons à vos méditations, à votre courage civique, parce qu'il est temps de l'accomplir, et que si l'on attend encore, on se charge d'une immense responsabilité.

Nous entendons d'ici des cris de surprise, d'indignation peut-être, contre une proposition qui attaque ouvertement plusieurs dispositions de la Constitution; mais nous entendons en bien plus grand nombre les gémissements des populations entières réduites à la plus affreuse des misères : celle de l'abondance de produits sans valeur. Écoutez ou consultez l'homme de lettres, l'artiste, le cultivateur, le capitaliste, l'armateur, le marchand, l'entrepreneur, le simple ouvrier de toutes les professions; élevez-vous jusqu'à l'homme d'État, et si chacun n'est pas d'accord sur le danger de notre position, déchirez cet écrit, car c'est l'œuvre d'un fou. Mais si tous, sans s'être concertés, vous disent au nord comme au midi, à l'orient comme à l'occident : nous sommes exténués, hors d'état de faire honneur à nos engagements, incapables de soutenir nos familles, et cela depuis la commotion de février 1848; si tous vous disent : nous ne faisons plus un seul pas qu'il ne nous rapproche d'un épouvantable abîme; la situation, plus tendue aujourd'hui qu'hier, plus menaçante demain qu'aujourd'hui, demande un remède prompt, complet, efficace, il n'est pas un homme de bonne foi, un homme de cœur, qui ne comprenne qu'il y a urgence d'en appeler immédiatement à la souveraineté du peuple.

Ce ne sont pas les élections du mois de mars qui créent cette impérieuse nécessité. Cette manifestation de l'opinion socialiste n'est autre chose que la conséquence des principes erronnés jetés dans la Constitution et dans la loi électorale. Aucun palliatif ne peut changer l'état des choses ; tout palliatif au contraire ne peut que l'aggraver ; il faut un remède héroïque, administré par les élus du peuple, dans l'intérêt du peuple, avec la sanction du peuple ; ces trois conditions violées en février peuvent seules nous sauver.

Ceux qui, sans mission de lui, ont pu bouleverser l'Etat, oseraient-ils soutenir qu'il ne peut, malgré eux, rétablir l'ordre et la paix publique ? Ce serait soutenir que la souveraineté nationale n'est qu'un vain mot ; ce serait avouer qu'ils l'ont confisquée au profit de leurs passions politiques, et ce qui serait plus honteux encore, au profit de leurs intérêts personnels. — Non, non, quelqu'habitués qu'ils soient à tout oser, ils n'oseraient cependant jamais afficher un tel mépris des droits qu'ils ont proclamés et qu'ils invoquent chaque jour.

Melun. — A. C. MICHELIN, imprimeur de la préfecture.